楽しい調べ学習シリーズ

探検！世界の港

役割や海外とのつながりをさぐろう

PHP研究所 [編]　一般財団法人 みなと総合研究財団 [協力]

PHP

キミは知ってる？
港にある5つの
ふしぎなモノ

港にある特徴的な物を5つ集めました。形と役割を覚えて、港に行って探してみよう！

防波堤

はげしい波から港を守るために、海の中に設置されています。

➡くわしくは 14 ページ

クレーン

大きな荷物をつり上げて運ぶために使われています。

➡くわしくは 14 ページ

灯台

暗い夜でも船の道しるべとして明るい光を放っています。

➡くわしくは 14 ページ

コンテナ

船でいろいろな荷物を運ぶための大きな箱です。

➡くわしくは 10 ページ

LNG船

丸いタンクの中に、液体にした天然ガスを入れて運んでいます。

➡くわしくは 10 ページ

『探検！世界の港』
もくじ

- キミは知ってる？　港にある5つのふしぎなモノ ……… 2
- はじめに　港に足を運んでみよう ……… 6

パート1　港の基礎知識

- ●港の種類と役割 ……… 8
- ●船の種類 ……… 10
- ●港で働く人たち ……… 12
- ●港にある設備 ……… 14
- 港の過去　港と航路の発展 ……… 16

パート2　世界の港

- ●東京港 ……… 18
- ●横浜港 ……… 20
- ●鹿島港 ……… 22
- ●新潟港 ……… 23
- ●名古屋港 ……… 24
- ●大阪港 ……… 25
- ●神戸港 ……… 26
- ●北九州港 ……… 28
- ●高雄港 ……… 29
- ●上海港 ……… 30
- ●香港港 ……… 32
- ●シンガポール港 ……… 34
- ●ドバイ港 ……… 36

- ムンバイ港 ……………………………………… 37
- ロッテルダム港 ………………………………… 38
- ハンブルク港 …………………………………… 40
- アントワープ港 ………………………………… 41
- バルセロナ港 …………………………………… 42
- バレッタ港 ……………………………………… 44
- コペンハーゲン港 ……………………………… 45
- ロサンゼルス港、ロングビーチ港 …………… 46
- ニューヨーク港 ………………………………… 48
- マイアミ港 ……………………………………… 49
- サントス港 ……………………………………… 50
- ダーバン港 ……………………………………… 51
- シドニー港 ……………………………………… 52
- バルパライソ港 ………………………………… 54
- スエズ運河・パナマ運河 ……………………… 55

港の未来 航路の進化で発展する港 ……………………… 56

パート3　港のQ&A

- 港についてもっと知ろう！ ………………………………………………… 58

50音順さくいん …………………………………………………… 62

はじめに

港に足を運んでみよう

　暮らしに必要な物の多くは、船によって運ばれています。これらを船に積みこんだり、船からおろしたりする場所が港です。

　海にかこまれた日本だけでなく、世界にも数多くの港があります。

　この本では、港のしくみやそこで働く人たちの仕事、日本と世界の代表的な港を紹介しています。漁港、商港などの種類と役割はもちろん、港の設備についてもわかりやすく解説しています。

　豆知識ものせているので、ぜひ楽しんで読んで、港のことを学んでください。そして、実際に港へ足を運んでみてください。わくわくすることがたくさん見つかるはずです。

パート1
港(みなと)の基礎(きそ)知識(ちしき)

港の種類と役割

船の貨物を積みおろし、乗客が乗りおりする場所が港です。役割により、さまざまな種類があります。

●港は役割によってよび名が変わる

波や風から船を守り、安全に船を停泊させるのが港の役割です。そして、どんな船が利用するかで役割も変わります。漁船が多く利用すれば漁港、貨物が多ければ商港です。

●利用する船にあわせて機能も変化する港

名称	特徴	代表的な港
商港	貨物の積みおろしをしたり人が乗りおりしたりする港です。貿易の拠点となる総合的な港で、船が停泊する岸壁をいくつももっています。	東京港 神戸港 横浜港
工業港	おもに工業製品を中心に取りあつかう港です。港に届いた燃料や原材料を使って近くの工場で製品がつくられ、それらは船で国内外へ運ばれます。自動車や燃料を運ぶ特大の船が出入りします。	鹿島港 北九州港 川崎港
フェリー港	道路や鉄道に替わり、自動車や旅客などを輸送する船がフェリーです。これらのフェリーが利用する港がフェリー港です。	函館港 青森港

漁港	漁業のために利用される港で、近くに魚をあつかう市場や集配所があります。日本でもっとも数の多い港が漁港で、全国に3000ほどあります。多くの船は小型ですが、遠洋漁業の大型の船が利用することもあります。	銚子港 焼津港
レクリエーション港湾（マリーナ）	ヨットやモーターボートなどレジャー用の船や遊覧船が利用するための港です。ヨットやモーターボート専用の港をマリーナといいます。	葉山マリーナ 江の島ヨットハーバー
避難港	海が荒れているときに小型の船が避難するための港です。ふだんは使われません。日本では36の港が避難港に指定されています。	呼子港

●港はつくられた場所によって種類が分けられる

自然の岩場や砂浜などは、船が停泊しにくい場所です。そこで、岩場をけずったり海をうめ立てたりして港をつくり、船が停泊しやすくしています。海だけでなく、川や湖につくられた港もあります。

●ある場所によって変化する港

名称	特徴	代表的な港
海港	海に面した港です。多くの港が海港です。このうち陸地を掘ってつくった港を、掘りこみ港といいます。	（掘りこみ港） 鹿島港 新潟港（東港）
河口港	河口につくられた港です。海から運ばれた貨物を川で上流に運ぶための港です。	新潟港（西港） ニューヨーク港
河港	河川をさかのぼったところに位置する港です。	ハンブルク港 ロッテルダム港
湖港	湖にある港です。日本の湖港は小さいですが、北アメリカの五大湖（スペリオル湖、ミシガン湖、ヒューロン湖、エリー湖、オンタリオ湖）には、大型船の入港できる港があります。	大津港 シカゴ港
運河港	人工的につくられた水路（運河）にある港です。	パナマ運河・スエズ運河にある港

船の種類

港の役割

港にはさまざまな種類の船がたくさんやってきます。港に停泊している船はどんな働きをしているのでしょうか。

● 港を訪れる船は、目的にあわせて大きさも形も変わる

船は「隻」や「艘」という単位で数えます。港では船が行き来しますが、ほかの港に向かわずに、つねにひとつの港で待機している船もあります。

大きな船をサポートする船や、港を管理したり整備したりするための特殊な船もあります。

コンテナ船

船の貨物はコンテナという鉄の箱に入れて運ばれます。機械から衣料品までコンテナに入れば何でも運ぶことができます。

石油タンカー

原油やガソリンなど、おもに石油を運ぶのが石油タンカーです。船体は巨大なタンクになっていて、一度に大量の石油を運ぶことができます。

自動車船

船内は何階にも分かれた巨大な駐車場となっていて、一度にたくさんの自動車を運ぶことができます。6000台の自動車を一気に積める自動車船もあります。

LNG船

火力発電の燃料や都市ガスなどに使うLNG（液化天然ガス）を運ぶタンカーです。冷やして液体になったガスを運ぶには、専用の船が必要なのです。

ばら積み船

鉱石や石炭、穀物などを直接船体の倉庫に積みこめる、大きなダンプカーのような船です。石炭なら石炭船のように専門の船に分かれます。

重量物運搬船

通常の船では積みこめない大型の貨物を運ぶ船です。船や石油・天然ガスをとり出すための井戸を掘る装置（掘削リグ）などを運ぶことができます。

フェリー

観光や日常の移動のために自動車と乗客を運ぶ船です。遠距離を結ぶフェリーなら船内に宿泊することができます。

消防船

船の火事などで活躍するのが消防船です。海水をかけるほか、海に油が流出して燃え広がった場合には、消火剤をまいて火を消し止めます。

タグボート

大きな船を港の中で引っ張ったり押したりして移動させる船です。港内では大きな船は動きにくいため、タグボートが活躍します。

浚渫船

（株）SKK・大旺新洋（株）提供

港の海底にたまった土砂やがれきを取りのぞき、大型船が入港できるように水深を下げるための作業船です。

パート1　港の基礎知識

港で働く人たち

海と陸をつないで、人や物の行き来を支えている港。その港を動かすために働く人々について紹介します。

●海にも陸にもある港の仕事

多くの船が出入りする港では、たくさんの人が船の出港や入港の手助けをしています。また、コンテナの積みおろしをする人、港をつくる人、港を守る人などがいます。

●港湾で働く人

名称	仕事内容
港湾荷役従事者	港についた貨物の積みおろしや、反対に陸の荷物を船に積みこむ作業をする人たちです。昔は手作業でしたが、現在はフォークリフトやクレーンを使います。
クレーン運転士	コンテナなど大きな物をつり下げる巨大なクレーンが、ガントリークレーンです。港では、船からコンテナをおろしたり、陸から船にコンテナを積みこむためにガントリークレーンを操作する人がいます。
コントロールセンターで働く人	港内の運営管理を行う司令塔です。コンピュータを使って安全に荷役作業ができるように管理しています。
綱取り人	船が港に接岸するとき、係留ワイヤーを陸で受け取る人です。船を係留施設にしっかりと取りつけ、出港するときは取りはずす作業を行います。

施設を つくる人		港の建設にたずさわる人です。係留施設や岸壁など、水の上にも建物をつくらなければなりません。地形にあわせ、船を効率よく動かせるよう、さまざまなくふうが必要です。

●手続きをする人

名称	仕事内容
CIQ※の係官	外国と交易する港には、病気などを検査する検疫や植物防疫、出入国管理局、税関などが置かれています。海外から来た貨物や人が、安全かどうかを調べます。　※税関、出入国管理、検疫を表す英語の頭文字。
船舶代理店の社員	港での細かな手続きを、船会社に代わって行うのが船舶代理店です。港ごとに置かれた代理店が、入港・出港から貨物の積みおろし先までを手配してくれます。
港湾管理者	港を管理する責任者です。日本のほとんどの港の港湾管理者は県や市、町などの地方公共団体ですが、自治体が共同で事務組合をつくっているところもあります。

●港での航行を支える人

名称	仕事内容
水先人 （パイロット）	港やむずかしい航路などで船に乗りこんで、船が安全に動けるように誘導する人です。潮の流れや水深、港の地形などにくわしい人です。
船を動かす 人たち （船員）	船を動かすために航海士や機関士、作業員など、いろいろな人がいます。これらの人を指揮する船のリーダーが船長です。
タグボート 乗組員	港の中では、大きな船は自由に航行できません。そこで、タグボートという小さな船で、大きな船を押したり引っ張ったりして移動させる人が必要なのです。

パート1　港の基礎知識

港にある設備

港の役割

船を停泊できる場所が港です。港を機能させるためには、さまざまな設備が必要です。

●港にある建物や道具はすべて船のためにある

港には、大きなクレーンやたくさんのコンテナを置く広い場所も必要です。船が安全に停泊し、手際よく貨物の積みおろしができるように、港にはさまざまな設備が備わっています。

防波堤	海からの波をさえぎって、港の中をおだやかにさせます。
岸壁（ふ頭）	船を停泊させる場所のことです。コンクリートで固めたり、桟橋をかけたりしてつくられます。
コンテナターミナル	船からコンテナを積みおろししたり、コンテナを保管したり、トレーラーへの受け渡しをしたりする場所です。船からコンテナを積みおろしするためにガントリークレーンを用います。
荷役機械（クレーン）	ガントリークレーンのほかにも、いろいろな種類の荷揚げや運搬を行う機械があります。
客船ターミナル	フェリーやクルーズ船などの旅客船の乗客が乗りおりする場所です。乗船券を買ったり、乗りおりの手続きができます。
灯台	船が通る目印になるものです。港の入り口にあったり、岬の端にあったりします。
倉庫・サイロ	港に集められた貨物を保存しておく場所です。穀物や食品など腐りやすいものの場合は、温度管理のために冷蔵倉庫を使います。
港の道路（臨港道路）	港には専用の道路があります。港に入った貨物を内陸部に運ぶために、道路やトンネル、橋などをつくり、運び出しやすくしています。

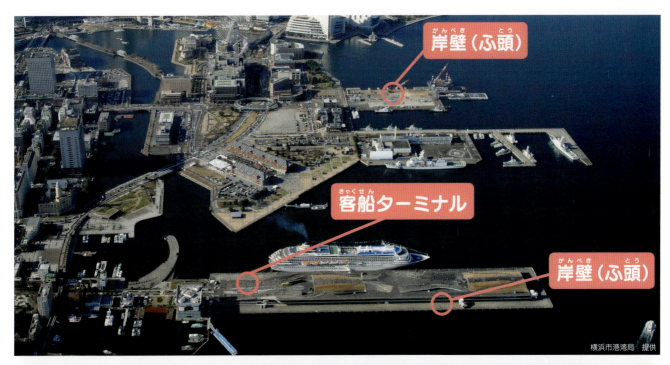

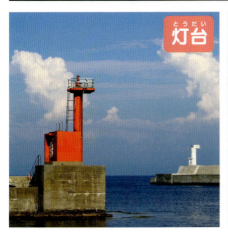
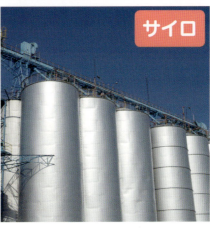

パート1 港の基礎知識 15

港の過去

港と航路の発展

古代の港は、天然の岸辺や岩場でした。物資が行き来する港には人が集まり、やがて町として発展しました。

平清盛の繁栄を支え宋と交易した大輪田泊

平安時代の武士である平清盛は、現在の神戸港の西側に大輪田泊という大きな港を整備して、大陸の宋（現在の中国）と交易しました。金や刀剣を輸出し、銅貨や書物、薬などを輸入することで、平氏は繁栄しました。

陸を進むより便利だった河村瑞賢の西廻航路開拓

江戸時代、東北や北海道の荷物は、「北前船」とよばれる船で日本海から下関を経て瀬戸内海を通り、大坂に運ばれました。人の足で運ぶよりも、早く着いたのです。この海のルート「西廻航路」を開拓したのが材木商の河村瑞賢でした。

パート2
世界の港

日本

コンテナ取りあつかい数が日本一
東京港

ここに注目！
観光名所にもなっているお台場には、住宅やオフィス、商業施設などがつくられています。

日本の「海の玄関」
東京湾に面する、わが国屈指の国際貿易港です。食品、衣類から機械まで、たくさんの荷物を取りあつかいます。

江戸時代から栄えた日本を支える港

　東京湾の内側にある東京港は、江戸時代に江戸湊として繁栄しました。1941年に貿易をはじめ、首都圏の産業・生活を支える港となりました。現在、コンテナ取りあつかい数が日本一です。

　東京港には、品川区から台東区にかけての広いエリアに20をこえる岸壁があります。大井ふ頭や青海ふ頭では、コンテナをあつかっています。竹芝ふ頭や晴海ふ頭は旅客船や水上バス、クルーズ船が停泊するなど、それぞれ役割があります。

日本一コンテナの集まる場所

東京港には大小さまざまなコンテナが数多く集まってきます。コンテナには食品や衣類、機械部品まで、さまざまな物が入っています。

© 東京都港湾局

レインボーブリッジ

● 「新東京丸」で東京湾を周回できる

　東京港の役割をくわしく知ってもらうため、視察船「新東京丸」が運航されています。竹芝小型船ターミナルを出発して東京港をぐるりと1周してもどってきます。

　船に乗っている時間はおよそ1時間30分です。港区芝浦地区と台場地区をつなぐレインボーブリッジの下を通ります。

基本データ

東京港

港の歴史	江戸時代から港としての役割を果たし、1941年に貿易開始。
港の特徴	国内外のコンテナはもちろん人も運び、都市開発も行う総合的な港。

港の位置

日本の経済を支える国際的な港
横浜港

🇯🇵 日本

**日本の近代化を支えてきた
人も貨物もあつかう貿易港**

西洋風の建物が立ち並び、中華街もある横浜の街は、貨物といっしょに外国文化も受け入れてできあがりました。

 ### 小さな漁村から発展した港町

　江戸時代の末期、アメリカが日本と交易を求めたため、1859年に小さな漁村だった横浜港での貿易を開始しました。日本人があまり外国人と会わなくてすむためです。ところが、横浜港は外国のさまざまな人や物、文化を受け入れて日本と世界を結ぶ国際的な貿易港へと発展しました。

　現在の横浜港は、横浜市全体の6分の1の面積をしめており、その広さは東京ドーム1560個分にもなります。現在も、日本と世界を結ぶ重要な役割を果たしています。

くじらのせなかとよばれる岸壁の屋上

大さん橋は、大型船も接岸できる客船用の岸壁です。屋上は「くじらのせなか」とよばれ、観光名所にもなっています。

ここに注目！

山下公園の近くには、高さ106mの横浜マリンタワーがあります。昔は灯台としても使われていたそうです。

横浜市港湾局 提供

●明治時代の倉庫が残る

横浜港のほぼ中央に位置する「みなとみらい21」には、たくさんのビルが立ち並んでいます。

いっぽうで、山下公園や馬車道など、開港当時に使われていた建物や港も残っています。赤レンガ倉庫は、明治時代の貨物倉庫を改装した商業施設で、観光スポットとして有名です。

基本データ

横浜港

港の歴史	小さな漁村の港だったが、1859年に貿易開始。
港の特徴	国内外の貨物をあつかうほか、大型客船も入港可能な国際貿易港。

港の位置

パート2 世界の港

日本の製造業を支える北関東の重要拠点
鹿島港

工場にかこまれている掘りこみ港

茨城県の鹿島臨海工業地帯の中央に位置するのが鹿島港です。港をかこむように、鉄鋼、石油化学工業など約160もの工場が並びます。

日本の代表的な掘りこみ港

鹿島港は、港と工場を一体化した、鹿島臨海工業地帯の中心地として建設されました。鹿島が、東京からも近く、製造した物を船で運搬するのに便利な、海に面した広い土地だったからです。

周囲にある工場では、石油や鉄鉱石を輸入し、プラスチックや機械製品に加工して海外などに輸出しています。鹿島港は、海面が上から見るとY字形になっています。海岸線に沿って立ち並ぶ工場から、船に製品を積みこみやすくするためです。

基本データ

鹿島港

港の歴史	1963年に重要港湾に指定される。1969年から貿易開始。
港の特徴	鹿島臨海工業地帯の製造品を輸出している。

港の位置

フェリーが毎日行き来する港
新潟港（にいがたこう）

日本

石油や天然ガスを輸入する日本有数のエネルギー供給地

石油や天然ガスを輸入し、発電所などに送ります。佐渡島や北海道と結ぶフェリーも就航中です。

新潟港（西港）／©国土交通省 北陸地方整備局 新潟港湾・空港整備事務所

東西ふたつの港からなり旅客も貨物も利用できる

1869年に開港され、1967年には、日本海側で唯一の特定重要港湾に指定されました。おもに中国や韓国、ロシアなどと交易しています。

西港区と東港区のふたつの港からなり、西港は河口港で東港は掘りこみ港です。西港の歴史は古く、平安時代から利用されています。佐渡島と本州を結ぶフェリーが、毎日往復しています。

東港は工業・商業港として利用されており、10万トンのタンカーが出入りできます。

基本データ

新潟港

港の歴史	西港は平安時代より利用されている。1869年に貿易開始。
港の特徴	貨物、旅客をあつかい、漁業にも利用される総合港。

港の位置

パート2　世界の港　23

日本一の取りあつかい貨物量をほこる港
名古屋港

年間約2億トンの貨物が集合。関東にも関西にも運ばれる

取りあつかい貨物量が15年連続日本一の名古屋港。市民のいこいの場としても親しまれています。

© 名古屋港管理組合

港の陸地部分の面積の広さは日本一

名古屋港は、名古屋市を中心に4つの市とひとつの村にまたがっている港です。港の陸地部分の面積は日本一で、その広さはナゴヤドーム約870個分にもなります。

おもな輸出品は乗用車やトラックなどの自動車で、日本最大の輸出量をほこります。輸出金額のほうが輸入金額を上回っている、日本経済にとって重要な港です。

ガーデンふ頭には、水族館や遊園地があります。遊覧船周遊や南極観測船見学などができる人気のスポットです。

基本データ

名古屋港

港の歴史	1907年に貿易開始。
港の特徴	中京地域で製造された自動車などを海外に輸出する国際拠点港。

港の位置

岐阜県／愛知県／静岡県／三重県／名古屋港／伊勢湾／太平洋

古くから水運の中心地として栄えた港
大阪港

河底をけずり港を拡大。世界有数の港へ成長
日本の中心が京都だったころから、水運をになってきた港。現在は国内最大のフェリーターミナルも完備しています。

大きな外国船から小さな渡し舟まで往来

大阪は、淀川や木津川など川が多いため、古くから、交易船から小さな渡し舟まで、船が交通の主力でした。河港なので、大きな船が入れませんでしたが、現在は河底をけずるなどの工事により、大型船も利用できます。

現在の大阪港は、北港、南港、築港の3つに分けられることがあります。北港ではコンテナ貨物をあつかい、工業製品が運ばれます。南港には、おもに国内外の客船が立ちよります。築港では、水上バスや渡し舟が運航され、通勤や通学にも利用されています。

基本データ

大阪港

港の歴史	6世紀の難波津からはじまり、1868年に貿易開始。
港の特徴	西日本の主要貿易港で市民生活に密着する総合港。

港の位置

日本の近代化を支えた西日本最大の港
神戸港

奈良時代から続いた港が日本の近代化を支えた

江戸時代に横浜などとともに開港し、日本の国際貿易の中心地として発展しました。日本の発展を支えた重要な港です。

古い歴史をもちながら現在も進化を続ける港

神戸港の歴史は古く、使われはじめた奈良時代には大輪田泊や兵庫津とよばれ、朝鮮半島や中国とも交易を行っていました。江戸時代には、朝鮮通信使などの入り口となり、幕末には海軍士官の養成機関である海軍操練所もありました。

1858年に日米修好通商条約が結ばれると、横浜港などに続いて、神戸港も貿易を開始しました。現在は、世界各地と航路が結ばれて、たくさんの旅客船や貨物船が利用しています。

人工島のポートアイランド

1981年に完成したポートアイランドは、港と街が一体化した人工島です。港湾施設のほか、住宅や学校などもあります。

ここに注目！

神戸港にはポートアイランドや六甲アイランド、神戸空港など、大きな人工島があります。

●港を中心とした都市開発

人工島のポートアイランドや六甲アイランドの建設など、神戸市は港を中心とした街づくりを積極的に行ってきました。神戸港は日本の港湾開発のさきがけとなったのです。

メリケンパークや神戸ハーバーランドなど、商業施設も数多く、観光地としても人気です。

基本データ

神戸港

港の歴史	奈良時代から利用され、1868年に貿易開始。
港の特徴	国内外の貨物・旅客船を取りあつかう。

港の位置

パート2　世界の港　27

北九州の工業を支える港
北九州港

日本

日本の各地を結ぶ港から日本とアジアを結ぶ港へ

北九州から東京までの距離と同じ1000km以内に、釜山港、上海港、大連港といったアジアの大きな港があります。

 国内2位の広さで貿易と旅客輸送をかねる

　北九州一帯は、昔から太平洋側と日本海側を回る船が立ちよる港で、数多くの船が往来していました。中国や朝鮮半島とも交易がさかんで、日本にとって重要な場所でした。

　明治時代に貿易のための門司港ができ、近くの小倉港、洞海港と合わせて、北九州港になりました。陸地面積は国内2位、海もふくめた面積は国内4位の大きさです。北九州の工業地帯で製造された機械などを、海外に輸出しています。

 基本データ

北九州港

港の歴史	1889年に門司港で貿易開始。1963年に北九州港と改名。
港の特徴	九州と本州を結び、国際的な貿易・旅客輸送をになう港。

港の位置

工業製品を輸出する台湾最大の港
高雄港

中国、シンガポールにつぐアジア貿易の中心地

東アジアと東南アジアの中間地点にある、アジア交易の拠点となる重要な港が高雄港です。

台湾製品を世界に輸出

台湾南部にある高雄港には、もともと小さな漁村がありました。やがて、17世紀に入って、オランダやイギリスが交易の拠点としたことで、港町として大きく発展していきます。このあたりは、自然の入り江になっていて波がおだやかだったため、船が停泊しやすかったからです。

その後、中華民国によって高雄港の周囲に工業地帯がつくられたことから、工場で生産された製品を海外に輸出する拠点となりました。

基本データ

高雄港

港の歴史	1624年から本格的に開発が進められた。
港の特徴	台湾最大の港。軍港、漁港としても利用されている。

港の位置

沖縄県
高雄市
高雄港

パート2 世界の港　29

中国

貨物量も港の大きさも世界最大規模の港
上海港（シャンハイこう）

中国の発展を支えるために拡大を続ける上海港

中国一の経済・商業都市である上海にあります。多くの船が出入りする、貨物量も港の大きさも世界最大級の港です。

取りあつかい貨物量なんと約7億トン

上海は中国でいちばん商業のさかんな町です。19世紀にイギリスやフランスの船がたくさんやってくると、交易港として急速に発展しました。

上海港は、中国でもっとも大きな川である長江と黄浦江の河口域一帯にあり、港の面積は約3600km²と、奈良県とほぼ同じ広さになります。

2014年の総取りあつかい貨物量は約7億トンにもなり、その量は世界第1位をほこります。

長江デルタ地域の集積地

長江流域には世界各国の工場が置かれ、長江デルタ地帯とよばれます。工場で生産された製品は、上海港から世界へ運ばれています。

ここに注目！

上海港には貨物船だけでなく旅客専用のターミナルもあります。神戸港、大阪港から上海港へは4泊5日かかります。

洋山深水港

●さらに成長を目指す上海港

長江エリア、黄浦江エリア、洋山深水港の3つのエリアをすべて合わせて上海港とよびます。

洋山深水港は、沖合の大洋島と周辺の島々の海をうめ立ててつくった広大なコンテナターミナルです。現在も拡張工事が進められおり、中国大陸本土とは、長さ32.5kmの東海大橋で結ばれています。

基本データ

上海港

港の歴史	1842年に貿易開始。
港の特徴	中国南部の物流の中心地で、観光クルーズ船も出入りする総合港。

港の位置

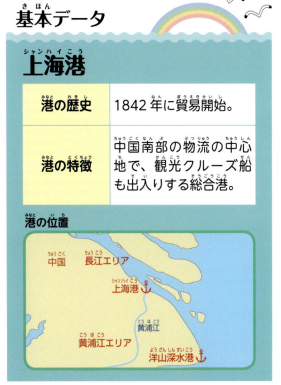

パート2 世界の港

夜景で有名な中国の海の玄関
香港港（ホンコンこう）

中国

「100万ドルの夜景」をもつアジア一の商業観光都市

香港はアジアを代表する観光名所。100万ドルの夜景とよばれる景観は、にぎやかな港のおかげです。

大小さまざまな船が湾内を行き交う

香港は、このあたりの名産品だった香りのよい木を、船で運んでいたことから名づけられました。

昔は小さな漁村でしたが、19世紀にイギリスの植民地となったことから、ヨーロッパとの交易で栄えました。

1997年に中国に返還され、2004年までコンテナ取りあつかい量世界一の港でした。現在も、木造の漁船から定期フェリー、大型客船まで、さまざまな船が利用しています。

国際コンテナターミナル

香港港に入ってくる貨物は、大陸と接する香港国際コンテナターミナルに集まります。2014年には約2.7億トンもの貨物が取りあつかわれました。

ここに注目！

香港港にあるビクトリアハーバーは海から見た夜景が美しいことで有名で、イギリス領時代は重要な貿易拠点として栄えました。

●フェリー移動が当たり前

香港は、中国大陸と接する九龍半島のほか、香港島、ランタオ島といった複数の島々からなります。

これらの島々を移動するためにはフェリーが欠かせません。フェリーの数は多く、市民の足となっています。

また、マカオや深圳といったその他の都市ともフェリーで結ばれています。

基本データ

香港港

港の歴史	19世紀から交易で栄えていた。
港の特徴	貿易のほか、観光や漁業にも使われる。

港の位置

パート2 世界の港

コンテナ取りあつかい個数世界2位の貿易港
シンガポール港

東南アジア一の都市国家
海上交易で経済成長

経済発展が目覚しいシンガポール。せまい国土でも成長を続けているのは商業と港湾事業のおかげです。

国と国をつなぐ拠点
国土面積の1割が港

シンガポールは、面積が東京23区と同じくらいの小さな国です。商業がさかんで、外国の企業もシンガポールを拠点に取引をしています。

シンガポール港の面積は、国土面積の1割近くにもなります。多いときでは1日8000台ものトラックが行き交います。

シンガポール港に届いた貨物は、別の船にのせられ、ほかの国に運ばれています。こうした中継貿易がシンガポールの経済を豊かにしています。

コンピュータで管理されるコンテナ

シンガポール港のコンテナ管理はすべて24時間コンピュータで行われ、とても効率がよいのが特徴です。

ここに注目！

マリーナベイ・サンズ空中庭園から港が一望できます。クルーズ船からシンガポールの夜景を楽しむこともできます。

● 東西を結ぶ重要地点

シンガポールは、インド洋と太平洋の境界線上にあります。ヨーロッパとアジアを結ぶ船は、かならずシンガポールを通るため、古くから貿易で栄えてきました。

地震や台風などの災害がほとんどないのも、シンガポールの特徴です。こういった利点があるため、シンガポールは港の整備に力を入れ、発展してきたのです。

基本データ

シンガポール港

港の歴史	1819年から本格的に開発が進められた。
港の役割	ヨーロッパとアジアを結ぶ交易の中継地点として貨物の積み替えを行う。

港の位置

パート2 世界の港

急成長するドバイを支える
ドバイ港

アラブ首長国連邦

世界中の企業や工場を誘致し観光名所でもあるドバイ

超高層ビルを建設し、新たな観光名所となっている中東のドバイ。港湾建設にも力を入れて成長中です。

石油に頼らないために中東に出現した巨大な港

　アラブ首長国連邦の第2の中心都市ドバイにあるドバイ港は、67もの岸壁をもつコンテナターミナルのジュベル・アリ港、クルーズ船などが停泊するラシード港、中東やアフリカなど近隣への貨物をあつかうハミリヤ港と、3つのエリアからなります。

　中東では石油の輸出がさかんですが、ドバイでは石油があまりとれません。そこで、港を活用し、貿易での発展を目指しています。2015年にはコンテナ取りあつかい量で世界第9位に入った急成長中の港です。

基本データ

ドバイ港

港の歴史	1970年代から本格的に開発が進められた。
港の特徴	中東のコンテナ物流の中心で、近代的なクルーズ船から昔ながらの船も立ち寄る港。

港の位置

7つの島を合体させてつくったインドの中心港
ムンバイ港
インド

インド経済を支える中心地。拡大するアジアへの道

目の前にタージマハル・ホテルがあることで有名なムンバイ港は、ヨーロッパとアジアをつなぐ重要な港です。

 島々をうめ立ててつないだ インド貨物の半分が集まる港

ムンバイには、7つの島がありました。これをうめ立ててひとつの島につなぎ、港や町が建設されました。そのひとつがムンバイ港です。うめ立てを重ねた結果、現在では、本土とくっついてしまったほどです。

ムンバイ港は16世紀からイギリスやポルトガルの船が数多く訪れ、ヨーロッパとアジアをつないできた重要な港です。近年はインドで工業生産やIT産業が活発になり、経済発展していることから、インドの輸出入も支えています。

基本データ

ムンバイ港

港の歴史	紀元前から利用され、1995年に「ボンベイ」から「ムンバイ」に改名。
港の特徴	ヨーロッパ、中東とアジアを結ぶ国際貿易港。

港の位置

パート2 世界の港

北海の河口に位置するヨーロッパ最大の港
ロッテルダム港

オランダ

ヨーロッパのエネルギーと物流を支える燃料基地

巨大な石油コンビナートが並び、ヨーロッパで必要な食品の3分の1が集まる、川と海をつなぐヨーロッパの玄関です。

ライン川を船でのぼり各地に貨物を輸送

　オランダには、地面より海面のほうが高い場所がいくつもあります。そのため、川に多くの堤防（ダム）がつくられています。アムステルダムなど、「ダム」とつく地名が多いのはそのためです。

　ロッテルダム港は、ライン川につながるロッテ川と北海の境目にあります。港の長さは約40kmもあり、ヨーロッパでは最大です。ライン川は水深が深く、大きな船も通れることから、ドイツやオーストリア、スイスなどに貨物を運んでいます。

ヨーロッパの燃料基地

1960年代に建設されたユーロポートはロッテルダム港の顔です。ヨーロッパ最大の石油化学工業地帯が形成されています。

マースラントケリンクは幅360mの川につくられた巨大な堤防です。開閉式で川と海の間をふさいで、洪水などに備えています。

唐蘭館図（蘭船入港図）川原慶賀筆

● 長崎と交易していた港

　江戸時代に、日本が交易していた、ヨーロッパでたったひとつの国がオランダでした。ロッテルダム港を出た船は、はるばる大西洋からアフリカを回り、長崎県の出島に到着します。オランダ船が伝えた西洋の学問や品々は、当時はとてもめずらしいものでした。

基本データ

ロッテルダム港

港の歴史	14世紀から利用。
港の特徴	ヨーロッパ各地の貨物の輸出入と燃料の供給を行う。

港の位置

パート2　世界の港

東西ヨーロッパを結ぶドイツ最大の港
ハンブルク港

ドイツ

港湾区域が広く、大型船も入れる重要な河港

ドイツだけではなく東ヨーロッパの国々にとっても重要な港。バルト海沿岸の東ヨーロッパに物資を届けます。

貨物取りあつかい量ヨーロッパ3位
川を利用した歴史ある港

ハンブルク港は、北海からエルベ川を100kmほどさかのぼったところにある河港です。港湾区域は東京23区よりも大きく、約755km²もあります。港を中心にさかえたハンブルクの町の名は「ハンバーグ」の語源になったともいわれています。

1189年に開港し、ドイツ最大の物流拠点として、ヨーロッパではロッテルダム、アントワープにつぐ貨物量を取りあつかっています。川幅が広く潮位も高いため、大きな船も楽に出入りできます。

基本データ

ハンブルク港

港の歴史	9世紀初頭から活躍し、1189年に貿易開始。
港の特徴	東ヨーロッパの国々の貨物集積地。

港の位置

河を使ってヨーロッパ中とつながる
アントワープ港

ベルギー

ヨーロッパの中心にあり、各地に貨物が運ばれる

ヨーロッパのほぼ中心に位置するベルギーの港。ここからヨーロッパの各地に貨物が運ばれています。

24時間でヨーロッパの主要都市に品物が届く

アントワープ港は、北海から65km上流にある河港です。2015年のコンテナ取りあつかい量はヨーロッパのなかで第2位です。河が大きく曲がっているのを利用して、両岸にいくつものドック（船の修理などをする施設）がもうけられています。

このアントワープ港を中心に、水路網や幹線道路、鉄道などがヨーロッパの各都市にのびています。港で積みおろしされた貨物は、24時間以内にヨーロッパの主要都市に届けられます。

基本データ

アントワープ港

港の歴史	中世から利用。
港の特徴	海外から集められた貨物をヨーロッパ各地に運ぶ中継地としての役割を果たす。

港の位置

パート2 世界の港　41

クルーズ船の寄港地となる地中海の港
バルセロナ港

スペイン

おだやかな地中海を航行するクルーザーが立ちよる港

バルセロナ港は、スペインで2番目に大きな町にあります。小型のクルーザーから大型のクルーズ船まで寄港します。

コロンブスが出発したスペインの海の玄関

バルセロナの町は古代ローマの時代に建設されたといいます。港町として発展したのは中世に入ってからで、武器や革製品を多く輸出し、港のおかげでスペインの中心的都市となりました。

大航海時代のスペインはとても強く、スペインの艦隊は無敵艦隊ともよばれ、バルセロナ港から出発していました。

アメリカ大陸を発見したといわれているコロンブスは、このバルセロナ港から出発しています。

古い港を再開発した岸壁

ポルト・ベルは、バルセロナ港でも歴史の古い岸壁です。再開発により、水族館や遊歩道を整備して、活気ある町に生まれ変わりました。

ここに注目！

港に近いバルセロネータは、砂浜が広がる海水浴場で、夏休みになると多くの海水浴客でにぎわいます。

● スペイン観光の中心

現在のバルセロナ港は、クルーズ船やヨットが並ぶ旅客港として有名です。地中海を遊覧するクルーズ船や豪華客船が寄港します。港からすぐのカタルーニャ広場が市内の一大ショッピングスポットとして人気です。

また、建築家のガウディが設計したスペインを代表する建物、サグラダ・ファミリア教会も有名です。

基本データ

バルセロナ港

港の歴史	古代ローマ時代から利用。
港の特徴	軍港として栄えたが現在はクルーズ船を中心とした港。

港の位置

パート2　世界の港

バレッタ港

マルタ

地中海貿易で栄えた小さな島の堅固な港

天然の岩場を利用した小さな島が港の貿易で栄える

マルタ共和国は東京23区の半分ほどの大きさしかない島国です。しかし、バレッタ港を中心に、地中海貿易で栄えました。

 ## 地中海の真ん中の島をイギリスが城砦都市化

波のおだやかな地中海にうかぶマルタ島は、船の重要な寄港地でした。バレッタ港は、海沿いの岸壁と入り江を利用した自然の港です。かつてはイギリスが支配しており、防御のために壁をつくりました。

バレッタ港には、グランド・ハーバーとマルサイムシェット・ハーバーのふたつの岸壁があります。グランド・ハーバーは、クルーズ船や旅客船が利用しています。

マルサイムシェット・ハーバーでは、レガッタの大会などが開かれています。

基本データ

バレッタ港

港の歴史	紀元前3700年には貿易や乗客の乗りかえが行われていたといわれている。
港の特徴	地中海における重要な商業港。

港の位置

人魚姫像が見守る北欧の海上交通の基点
コペンハーゲン港
デンマーク

北欧のパリともよばれる芸術と交易の港町

岸壁沿いにカラフルな建物が並ぶコペンハーゲン港。古くから港を中心に栄えていました。

商人たちの港として栄え国境を越えてひとつの港に

　コペンハーゲンとはデンマークの言葉で「商人たちの港」という意味で、北海とバルト海を結ぶ交易路の中心でした。現在は、貨物を運ぶのはもちろんフェリー港としても大きな働きをしています。

　コペンハーゲン港は北ヨーロッパの各都市を定期便で結んでおり、海を渡って26km先にあるスウェーデンに通勤している人もいるほどです。

　コペンハーゲン港は、アンデルセン童話の「人魚姫」の像があることで有名です。

基本データ

コペンハーゲン港

港の歴史	11世紀ごろから利用。
港の特徴	国内の輸入貨物をあつかうほか、北欧の国々の主要都市を結ぶ。

港の位置

パート2　世界の港

太平洋の国々をつなぐ西海岸最大の港
ロサンゼルス港、ロングビーチ港

アメリカ

砂浜のとなりにある西海岸一のコンテナターミナル

世界のサーファーが集まる広く白い砂浜。そのとなりにある港は、アメリカの経済を支える重要な港です。

ふたつの港が協力しながら貨物輸送

アメリカ西部最大の都市ロサンゼルスの南には白い砂浜が広がっています。その砂浜のとなりに並ぶのが、アメリカ最大のコンテナターミナルをもつロングビーチ港です。ターミナルをはさんで西にはロサンゼルス港もあります。

ふたつの港を合わせると、25 ものターミナルがあり、コンテナ取りあつかい量はアメリカで第 1 位です。日本をはじめとするアジア、オーストラリアなどと交易しています。

広いコンテナターミナル

ふたつの港が利用するコンテナターミナルの広さは約 350 ヘクタールです。東京ドームなら約 75 個分の広さにコンテナが積まれています。

ここに注目！

コンテナはロサンゼルスまで、アラメダ・コリドーという貨物専用の鉄道を使って運ばれます。

ロングビーチ港

● **ホテル船や軍艦が並ぶ**

旅客ターミナルには、イギリスの豪華客船クイーン・メリー号が、常時停泊しています。現在は、動くことはありませんが、船内を見学できるほか、ホテルとして宿泊することもできます。

また、昔は軍港として使われていたことから、引退した戦艦アイオワも展示されています。

基本データ

ロサンゼルス港、ロングビーチ港

港の歴史	1911年からロサンゼルス市が港の開発を公式に開始。
港の特徴	アメリカの西海岸の貿易をになう、観光港としても使われる。

港の位置

パート2　世界の港

開拓時代からある東海岸最大の港
ニューヨーク港

アメリカ

ヨーロッパからの移住者がニューヨークを活性化

アメリカには、たくさんの人がヨーロッパから船でやってきました。彼らが最初におり立ったのがニューヨーク港です。

自由の女神が見守るアメリカの中心街の港

ニューヨーク港は、ハドソン川の河口からニューヨーク湾を出て大西洋まで、広い地域にまたがります。となりのニュージャージー州の港までふくめて、すべてをニューヨーク港という場合もあります。

17世紀から、ニューヨークには、大西洋を渡ってたくさんの人が移り住むようになり、港がにぎやかになります。人とともに、ヨーロッパからたくさんの貨物が届けられました。現在は太平洋側への航路も開かれ、日本や中国とも交易しています。

基本データ

ニューヨーク港

港の歴史	1648年（1824年説もあり）に貿易開始。
港の特徴	国際貿易から日常の旅客輸送まで幅広く活躍する総合港。

港の位置

アメリカ

クルーズ船やコンテナが集まる人工島につくられた港
マイアミ港

世界中から観光客と船が集まる

マイアミビーチは世界中から観光客が訪れます。またアメリカ国内の重要港として、軍艦や商船が利用しています。

高級リゾート地としてクルーズ船でにぎわう

　アメリカ南部のマイアミの南側の島は、マイアミビーチという人気の海水浴場になっています。その陸地側にダッジ島という人工島をつくり、港として利用しています。それがマイアミ港です。

　マイアミ港は8つのクルーズターミナルをもち、フロリダの海を周遊するフェリーなどが利用します。

　マイアミは電子部品やコンピュータを製造する工業地帯でもあるため、多くのコンテナも港に集まってきます。

基本データ

マイアミ港

港の歴史	1896年から開発が進んだ。
港の特徴	貿易、漁業、旅客輸送のほか軍港としても使われる。

港の位置

パート2　世界の港

ブラジル

ブラジル最大の港はコーヒー豆輸出量がトップ
サントス港

ヨーロッパ相手の港から世界を相手にする巨大な港に

ポルトガルの交易船が利用する港として栄えたサントス港。現在は日本や中国の船も出入りする世界的な港です。

ブラジル開拓に活躍した日本人が最初に訪れた港

ブラジル最大の都市サンパウロは内陸部にあります。そこで、海の玄関として全国の貨物を取りあつかうのが、サンパウロの南にあるサントス港です。ブラジルの名産品であるコーヒー豆のほか、砂糖や大豆などを輸出しています。

サントス港の周辺は工業地帯になっており、日本企業の工場もあります。近年は、輸入した石油で工場の機械を動かし、自動車や電気製品などを製造して、サントス港から輸出するようになりました。

基本データ

サントス港

港の歴史	19世紀半ばからは、おもにコーヒーの輸出のために活躍。
港の特徴	ブラジルの主要港で、物流の中心地。

港の位置

コンテナ取りあつかい量が南部アフリカ最大の港
ダーバン港

南アフリカ

**バスコ・ダ・ガマが訪れた
ヨーロッパとアジアをつなぐ港**

1498年にポルトガルの冒険家バスコ・ダ・ガマが訪れ、ヨーロッパとアジアを結ぶ重要な拠点として発展した港です。

インド航路の中継地
自動車輸出がメイン

　ダーバンはインド洋に面しており、古くからインドとの交流がさかんでした。1498年にバスコ・ダ・ガマによってインド航路が発見されると、ヨーロッパからアフリカを回ってアジアへ向かう船が増え、大航海時代を迎えました。ダーバン港はインド航路の重要な拠点として栄えました。

　現在は近くに日本の自動車工場がつくられ、自動車の輸出がメインです。コンテナ取りあつかい量は南部アフリカでは最大の港です。

基本データ

ダーバン港

港の歴史	インド航路の発見後に発展。
港の特徴	貿易、漁業、軍事などに利用される南部アフリカ最大の港。

港の位置

パート2　世界の港　51

オーストラリア

世界でもっとも美しいといわれる港
シドニー港

**港を中心に発展してきた
オーストラリア最大の都市**

シドニーはオーストラリア最大の都市です。シドニー湾の自然の岩場を利用して建設された、美しい港が町の中心です。

オーストラリアの開拓をはじめた最初の港

1770年にオーストラリア大陸をイギリス人が発見し、最初に上陸した場所が、現在のシドニー港のあたりです。1788年に、ヨーロッパからたくさんの人が移住してきます。オーストラリアの玄関となったシドニー港には、たくさんの物資が運びこまれ、羊毛や鉄鉱石などが輸出されました。

シドニー港は、世界一美しい港ともいわれます。波のような形をした世界遺産のオペラハウスをはじめ、海の上を行きかう船などが美しい景色をつくっています。

ホワイトベイとサーキュラーキー

シドニー港にはふたつのクルーズ船用ターミナルがあります。ホワイトベイは小型のフェリーや通勤用。サーキュラーキーは大型客船用です。

ここに注目！

シドニー港の南北を結ぶハーバーブリッジは、港に入ってきた貨物を内地に運び出すための橋です。橋の上からは港が一望できます。

●オーストラリアの中心地区

シドニー港のあるポートジャクソン湾は、複雑に入り組んだ天然の入り江です。湾内には小島や港がいくつもあります。代表的なのがクルーズ中心のシドニー港と、となりにある物資中心のボタニー港です。

ふたつの港を中心とした周辺の港をすべて合わせた地域全体も、シドニー港とよばれています。

基本データ

シドニー港

港の歴史	1788年には移民が利用。1970年代からさらに開発が進められた。
港の特徴	貨物をあつかうほか、観光用のクルーズターミナルもある総合港。

港の位置

パート2　世界の港　53

世界遺産にもなった南米チリの港
バルパライソ港

歴史的な景観を残す坂の町
チリの主要港として今も現役

現地の言葉で「天国の谷」を意味するバルパライソは、スペイン統治時代から使われてきた南米の西海岸の重要港です。

実用性を備えた美しい坂の町の港

バルパライソ港は、南米チリで最大の港です。2003年には「バルパライソの海港都市とその歴史的な町並み」が世界遺産に登録されました。

バルパライソは坂が多く、港を出ると、急なのぼり坂が続きます。移動するためにはケーブルカーが必要なほどです。パナマ運河ができるまで、南米大陸を回って北アメリカの西側に向かう船の重要な寄港地でした。現在も観光や漁業など、チリの重要な港として活用されています。

基本データ

バルパライソ港

港の歴史	1810年から本格的に開発が進んだ。
港の特徴	チリの国際貿易港で、軍事、漁業、貿易、観光などに活用。

港の位置

世界中の船が使える大陸横断運河
スエズ運河・パナマ運河
（スエズ港など）　　（コロン港など）

エジプト／パナマ共和国

船の移動時間が短くなる
海と海を結んだ運河建設

アフリカを回らなくてもヨーロッパからアジアに行けるスエズ運河。太平洋と大西洋を直接結びつけたパナマ運河があります。

パナマ運河

海と海の間の陸地を通して移動距離を短く

　運河とは、船を動きやすくするためにつくられた人工の川です。世界地図をよく見ると、南北アメリカの境目と、アフリカと中東の境目に細い川のようなところがあります。ここを船が通れるようにすると、遠回りしなくてすみます。

　スエズ運河やパナマ運河は、船が通りやすいように地面を掘ったり川をつないだりしてつくったもの。スエズ運河はエジプト、パナマ運河はパナマ共和国が管理していますが、どの国の船でも通れます。

基本データ

スエズ運河・パナマ運河

運河の歴史	1869年にスエズ運河完成。1914年にパナマ運河完成。
スエズ運河の役割	ヨーロッパとアジアをつなぐ航路。
パナマ運河の役割	アメリカ東海岸とアジアを結ぶ航路。

港の位置

パート2　世界の港　55

 港の未来

航路の進化で発展する港

地球上の約3分の2は海です。より早く、より安全に貨物を運ぶために、つねに新しい航路が開拓され、同時に港も進化していきます。

⚓ パナマ運河の拡張工事でさらに重要になる港

太平洋と大西洋を結ぶパナマ運河には、太平洋側にバルボア港、大西洋側にコロン港があります。2016年、パナマ運河の拡張工事が完了し、これまでの3倍の積載量の船も通れるようになりました。運河を通過する船にとって、ふたつの港はさらに重要になっています。

⚓ ヨーロッパと太平洋は北極海を結ぶと近かった

現在、ヨーロッパとアジアを結ぶ船の多くはスエズ運河を利用します。しかし、日本やアメリカに向けた新しい航路として北極海が注目されています。スエズ運河を通る航路は、日本とヨーロッパを40日程度で結びますが、北極海を通る航路では、30日程度になります。北極海を船が通れるようになると、北極海沿いにあるロシアやアイスランドなどの港がより重要になってきます。

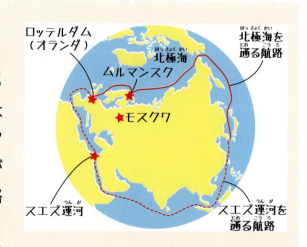

パート3
港のQ&A

港についてもっと知ろう！

港のQ&A

日本から世界まで、港にまつわるさまざまな疑問と答え。もっと港にくわしくなれる豆知識がいっぱいあるよ。

Q 取りあつかい貨物量が多い港はどこ？

A 取りあつかい貨物量が世界でもっとも多いのは中国にある上海港です。中国は上位15位内に、なんと8つの港がランクインしています。日本は名古屋港の15位が最高です。

世界の港湾取りあつかい貨物量ランキング（2014年）

総取りあつかい貨物量

順位	港名	国名	千トン
1	上海（シャンハイ）	中国	697,000
2	シンガポール	シンガポール	560,900
3	天津（てんしん）	中国	477,300
4	広州（こうしゅう）	中国	472,800
5	青島（チンタオ）	中国	450,100
6	ロッテルダム	オランダ	440,500
7	寧波（ニンポー）	中国	399,300
8	ポートヘッドランド	オーストラリア	372,300
9	大連（だいれん）	中国	320,800
10	釜山（プサン）	韓国	313,800
11	香港（ホンコン）	中国	276,100
12	秦皇島（しんこうとう）	中国	253,300
13	サウスルイジアナ	アメリカ	241,600
14	ヒューストン	アメリカ	236,500
15	名古屋	日本	208,200

出典：国土交通省のウェブサイト

Q コンテナ取りあつかい個数が多い港はどこ？

A コンテナ取りあつかい個数がもっとも多い港も、上海港です。ここでも中国の港が15位以内に8つもランクインしています。

世界の港湾別コンテナ取りあつかい個数ランキング（2015年）

順位	港名	国名	TEU※
1	上海	中国	36,537,000
2	シンガポール	シンガポール	30,922,300
3	深圳	中国	24,204,000
4	寧波−舟山	中国	20,620,000
5	香港	中国	20,114,000
6	釜山	韓国	19,469,000
7	広州	中国	17,624,900
8	青島	中国	17,510,000
9	ドバイ	アラブ首長国連邦	15,592,000
10	天津	中国	14,100,000
11	ロッテルダム	オランダ	12,235,000
12	ポートケラン	マレーシア	11,890,000
13	高雄	台湾	10,264,420
14	アントワープ	ベルギー	9,654,000
15	大連	中国	9,450,000

※コンテナ数量の単位。長さ20フィートのコンテナ1本を1TEUとしてカウント

出典：国土交通省のウェブサイト

Q 乗降人数が多い日本の港はどこ？

船舶乗降人員ランキング（2015年・外航）

順位	港湾名	合計（人）
1	博多（福岡県）	1,607,290
2	長崎（長崎県）	859,308
3	那覇（沖縄県）	406,095
4	比田勝（長崎県）	281,576
5	石垣（沖縄県）	220,158

出典：国土交通省のウェブサイト

A 外国の港との間で乗降者数がもっとも多い日本の港は、福岡県の博多港です。2015年では、年間およそ160万人もの人が利用していました。

Q 船の旗にはどんな意味があるの？

A 海では船同士がすれちがうときに、旗を使って交信する「国際信号旗」というものがあります。この旗は世界共通です。

●国際信号旗の例

 YES

 NO

 人が海中に落ちた。

 あなたは危険に向かっている。

Q 船同士はどうやってすれちがうの？

A 船は航路という決められた船の通り道を進みます。もし同じ航路で船が向かい合った場合は、おたがいに右側通行ですれちがうことがルールとなっています。

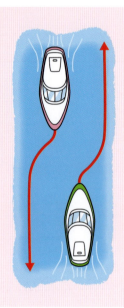

Q 船酔いをしない方法はあるの？

A 船は長時間乗っていると不規則なゆれのせいで船酔いをします。船酔いには個人差がありますが、小さい船よりは大きい船のほうが安定しているので、船酔いしにくくなります。また、船の上部より下部のほう、前後よりも中央部のほうがゆれが少なく船酔いしにくくなります。

Q 港という字はどうやってできたの？

A 港のことは昔は「津」や「泊」とよんでいました。また、「湊」や「水門」といった字が「みなと」と読まれていました。のちに、にぎやかな場所を表す「巷」と、水を意味する「氵（さんずい）」を組み合わせて、「港」という字ができたようです。

Q 夜景がきれいな港はどこですか？

A 2012年に、一般社団法人夜景観光コンベンション・ビューローが、長崎（長崎港）・香港（ビクトリアハーバー）・モナコ（エルキュール港）を「世界新三大夜景」として認定しています。

長崎港

Q 防波堤はどうやってつくっているの？

A 防波堤をつくるときは、ケーソンという四角い大きなコンクリートの箱をしずめて、その中に砂を入れ、コンクリートでふたをして、その上に上部コンクリートをのせます。さらに海側に消波ブロックをすえて、波を防ぐ壁にしています。

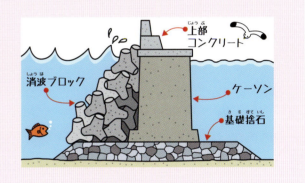

Q 世界一周をする船はどこの港に寄港するの？

A 現在、世界一周をする豪華客船は、パナマ運河とスエズ運河を利用して、効率よく人気の観光地を回っています。日本の豪華客船「飛鳥Ⅱ」の場合、100日以上をかけて、南米のカルタヘナ、地中海のミコノス島やバレッタ島など、26の寄港地に立ちよります。

飛鳥Ⅱ

50音順さくいん

あ

- 赤レンガ倉庫 …………………… 21
- 運河港 …………………………… 9
- LNG船 ………………………… 3,10
- 大輪田泊 ……………………… 16,26

か

- 海港 ……………………………… 9
- 河港 ………………………… 9,25,40,41
- 河口港 ………………………… 9,23
- ガントリークレーン ………… 12,14,15
- 岸壁 ……… 8,14,15,18,20,36,42,44
- 客船ターミナル ……………… 14,15
- 漁港 …………………………… 6,8,9,29
- クルーズ船 …14,18,35,36,42,43,44,49
- クレーン ……………………… 2,12,14,15
- ケーソン ………………………… 61
- 工業港 …………………………… 8
- 港湾管理者 ……………………… 13

こ

- 国際信号旗 ……………………… 60
- コンテナ ……… 3,10,12,14,18,19,25,32,
  34,36,41,46,47,49,51,59
- コンテナターミナル … 14,31,32,36,46
- コンテナ船 ……………………… 10
- 湖港 ……………………………… 9

さ

- サイロ ………………………… 14,15
- CIQ ……………………………… 13
- 自動車船 ………………………… 10
- 重量物運搬船 …………………… 11
- 浚渫船 …………………………… 11
- 商港 …………………………… 6,8
- 消防船 …………………………… 11
- 石油タンカー …………………… 10
- 石油タンク ……………………… 15
- 船員 ……………………………… 13
- 船舶代理店 ……………………… 13

倉庫(そうこ) …… 11,14,15,21	兵庫津(ひょうごのつ) …… 26
	フェリー港(こう) …… 8,45
	防波堤(ぼうはてい) …… 2,14,15,61

た

タグボート …… 11,13
綱取り人(つなとりにん) …… 12
灯台(とうだい) …… 3,14,15,21
トランスファークレーン …… 15

な

中継貿易(なかつぎぼうえき) …… 34
日米修好通商条約(にちべいしゅうこうつうしょうじょうやく) …… 26
荷役機械(にやくきかい) …… 14,15

は

ハーバーブリッジ …… 53
パイロット …… 13
ばら積み船(づみせん) …… 11
ビクトリアハーバー …… 33,61
避難港(ひなんこう) …… 9

ま

マースラントケリンク …… 39
マリーナ …… 9
水先人(みずさきにん) …… 13

や

遊覧船(ゆうらんせん) …… 9,24

ら

臨港道路(りんこうどうろ) …… 14,15
レインボーブリッジ …… 19
レクリエーション港湾(こうわん) …… 9

■協力紹介　一般財団法人 みなと総合研究財団

昭和62年「財団法人 港湾空間高度化センター」として設立、平成23年「一般財団法人 みなと総合研究財団」に移行。港湾や沿岸域などに関する調査研究、広報普及活動などを通じ、環境と調和した港湾や沿岸域の形成を促進し、交通ネットワークや社会の発展に寄与することを使命とする。港湾の利用促進、沿岸域の環境再生、クルーズ振興、津波・高潮防災、港湾再開発などにかかわる活動を、国、地方公共団体、企業、NPO、市民などの多様な主体と連携して展開している。

■編集・構成　造事務所（ぞうじむしょ）

1985年設立の企画・編集会社。編著となる単行本は年間30数冊。編集制作物に『本のさがし方がわかる事典』『図書館のひみつ』（以上、PHP研究所）、『はじめよう！ アクティブ・ラーニング（全５巻）』（ポプラ社）などがある。

◆カバー＆本文デザイン／クラップス（入江朱珠琳）
◆文／菊池昌彦
◆イラスト／岡澤香寿美、金井登

■写真提供

大阪市港湾局、（株）SKK、北九州市港湾空港局、国土交通省関東地区整備局鹿島港湾・空港整備事務所、国土交通省北陸地方整備局新潟港湾・空港整備事務所、大旺新洋（株）、東京都港湾局、名古屋港管理組合、横浜市港湾局

探検！ 世界の港
役割や海外とのつながりをさぐろう

2017年11月1日　第１版第１刷発行

編　者　ＰＨＰ研究所
協　力　一般財団法人 みなと総合研究財団
発行者　瀬津　要
発行所　株式会社ＰＨＰ研究所
　　　　東京本部　〒135-8137　江東区豊洲 5-6-52
　　　　　　　　　児童書出版部 ☎ 03-3520-9635（編集）
　　　　　　　　　児童書普及部 ☎ 03-3520-9634（販売）
　　　　京都本部　〒601-8411　京都市南区西九条北ノ内町 11
　　　　PHP INTERFACE　http://www.php.co.jp/
印刷所　共同印刷株式会社
製本所　東京美術紙工協業組合

©PHP Institute,Inc. 2017 Printed in Japan　　　　　　　　　ISBN978-4-569-78708-4
※本書の無断複製（コピー・スキャン・デジタル化等）は著作権法で認められた場合を除き、禁じられています。
　また、本書を代行業者等に依頼してスキャンやデジタル化することは、いかなる場合でも認められておりません。
※落丁・乱丁本の場合は弊社制作管理部（☎ 03-3520-9626）へご連絡下さい。送料弊社負担にてお取り替えいたします。

NDC683　63 P　29cm